AF300544

Wahrheit Reimt Sich

von Rouven Haas

Bibliografische Information der Deutschen Nationalbibliothek: Die Deutsche Nationalbibliothek verzeichnet diese Publikation in der Deutschen Nationalbibliografie; detaillierte bibliografische Daten sind im Internet über http://dnb.dnb.de abrufbar.
Die automatisierte Analyse des Werkes, um daraus Informationen insbesondere über Muster, Trends und Korrelationen gemäß §44b UrhG („Text und Data Mining") zu gewinnen, ist untersagt.

2. Auflage 2025
©2023 Rouven Haas
Lektorat: Ramona Huber
Korrektorat: DUDEN Mentor
Cover Design: Rouven Haas
Cover Image: Abdullah Ghatasheh/Pexels

Verlag:
BoD · Books on Demand GmbH,
Überseering 33, 22297 Hamburg, bod@bod.de
Druck:
Libri Plureos GmbH,
Friedensallee 273, 22763 Hamburg

ISBN: 978-3-8192-4955-6

Es gab viel zu sehen
und doch war nichts geschehen.

INHALT

9   Des Schöpfers Traum
15   Gespensterland
21   Die Person
27   Totaliter aliter
33   Schweigen
39   Der Hütchenspieler
45   Sein im Fall
51   Das Virus
57   Verlorene Zeit
63   Der Führer
69   Über Wasser gehen
75   Aberglaube

DES SCHÖPFERS TRAUM

Dem Zufall in der Ewigkeit
entsprang
ein kleines Licht.
Es blickte
in das tiefe Schwarz,
doch fühlte es sich nicht.

Es war all-ein
mit Raum und Zeit,
jedoch
geplagt von Einsamkeit,
und so gebar es
aus dem Schmerz
ein zweites Licht
mit dunklem Herz.

Als nun
der Lichter Tanz begann,
das Dunkle zog das Helle an,
geschah
der magische Moment:
Die Nacht
hat sich vom Tag
getrennt.

Ihre Bewegung
löste die Zeit
aus dem stillen Raum
und formte so
die Wirklichkeit
in des Schöpfers Traum.

Und es geschah:

Ein Himmel spannte
weit und licht,
als Gegenpol zu fest und dicht,
sich
über diese Mutter Erde,
dass eine Welt
erschaffen werde.

Und beide Lichter
zog es
wild
mit aufgewühltem Sinn,
grad als wär's
ein Spiegelbild,
zum ersten Leben hin.

Als hell-dunkles Paar
vereint,
teilten sie sich
und zogen ein
in Mensch und Tier
und Baum
und Stein
und fühlten
dieses echte Sein.

Sie kannten
weder Schuld noch Reu',
denn alles war so rein,
so neu.
Kein Schatten
lag auf ihren Herzen,
bis ein Moment
das Glück
zerriss.

Ein heimtückischer Schlangenbiss!

Das Gift aus einer ander'n Welt
floss ein
und zerschnitt
der Herzen Band.
Es formte
in den Menschenwesen
ein Leid bringendes Schwert
namens Verstand.

Die Ausgeburt des Denkens
erschuf das Urteil
und
ein Nein.
Und das Lichterpaar
vergaß
auf sein ursprüngliches Sein.

Wo einst
nur ungetrübtes Weilen
in Freude, Glück
und Frieden war,
herrschte nun
Angst und Trennung.

Einsamkeit für tausend Jahr'.

Der alte Schmerz
war wieder da,
mit welchem alles
jäh begann.
Entzweit
und voller Widerstreit
blickten sie einander an.
Und sahen sich
als neuer Mensch,
der selbst
das Schöpfen nun begann.

Mehr und immer mehr
dadurch,
sein Geist Materie gewann
und
fortan wähnte sich gestellt,
in eine abgetrennte
Welt.

Mit jedem neuen Tag
wuchs
der gelebte Schmerz,
bewegte Hammer, Sichel, Erz
und
baute an der Welt
von morgen.

Auf Hoffnung
und den Tod der Sorgen,
die jedoch
stetig wachsen wollten,
je weiter
sich des Menschen Hand
in das Herz der Erde trieb
und
blind für eigene Gefühle
und die
des Gegenübers blieb.

War doch nur eins verlor'n gegangen:
die Lieb', die Lieb'.

An ihrer statt
erfand man
Geld.
Das Elixier der neuen Welt,
in der zum Kauf
fast alles steht,

was als Wunsch
den Geist durchweht.

Oh grenzenloses Schwelgen.

Nur eines
übersah der Mensch,
war er doch noch
halb Tier.
Wer konnt' es ahnen,
hätt's gedacht,
noch mehr als alles,
macht Geld
Gier.

Wie nun
heraus aus jener Falle,
die fester schließt,
je stärker
strebt der Mensch
ihr zu entkommen
und geistig eingezwängt
vom Mammon
ewig traurig
weiterlebt.

Ja, glücklich wird,
wer jetzt durchschaut den Traum!

Lieber Adam,
liebe Eva,
ihr seid Träumer.
Wacht auf und lacht,
der Apfel fiel niemals
vom Baum.

GESPENSTERLAND

Durch Millionen kleiner Fenster,
hei,
huschen sie herein:
Gespenster!

Denn das, was kommt
aus einer ander'n Welt,
braucht Einlass
und kann niemals sein
im Hier und Jetzt,
wo Vernunft und Stoff
regiert.

Sind's doch
die unsichtbaren Wände
deines Geistes,
die jener nutzt
und
deine Wahrheit fabriziert.

Gib acht,
denn eh du dich versiehst
wird's eine Pforte,
die auf ewig sich
verschließt.

Der Weg zurück
ist lang
und oft genug
wird dir ganz bang,
ob es denn je gelänge,
zurückzukehren
ohne Hiebe, ohne Stränge.

Mitnichten!

Verlor'n
in virtuellen Welten
irrt deine Seele,
sieht den Tod,
klopft an dein Herz
und stellt sich dir
in deinen Lebensweg
als Schmerz.

Doch ach!
Der Geister Tanz hält an,
weil man
TikTok, die Zeit,
nicht stoppen kann.

Zu süß
des digitalen Nektars
ew'ger Strom
aus Information
und
vermeinter Freiheit.

Kein körperlicher Zwang
steht an,
den Flug des Ichs
zäh zu behindern.

Wie schön,
wie bunt,
wie int'ressant
und Zeit
zerrinnt wie Fingersand.

Ja, alle werden gern zu Kindern!

Wieder
senkt die Sonne sich,
ein weit'rer ungelebter Tag
verstrich
und innerlich
bleibt's, wie es ist: langweilig,
bisweilen ungewiss
und seicht.

Dein Leben
wäre schön und leicht,
wenn deine Energie nicht flöss'
in Strömen,
von Millionen Elektronen,
durch deine Augen in das Land
hinter dem Screen,
in dem die frohen Toten
wohnen.

So gibt es
kein Entrinnen dieser Zeit.
Je mehr Gespenster um dich wesen,
je lauter
deine Seele schreit.

Bis jene Blindheit
dich umfängt,
in kühlem blau
dein Herz verblendet
und macht,
dass dieses Pandämonium
nie endet.

All das Wissen,
das du glaubst zu brauchen
für deinen weit'ren Lebensweg,
ist in dir schon.

Niemals
wird ein Gespenst
die Lösung dir einhauchen,
für ein Problem,
das nur du alleine
kennst.

Drum höre hin!

Was deine Seel'
zu sagen hat,
schimmert
von Mal zu Mal hindurch.

Dein Leben
in der Geisterbahn
ist lustig nur,
wenn wach du bist
und
deinen Atem fühlst,
beim Blick in and're Welten
durch
das kleine bunte Fenster,
das du hältst
in deiner Hand.

Denn öffnest du's,
ist jäh verbunden
all dein Wesen
und Verstand,
mit
den unsichtbaren Wellen
um dich.

Willkommen im Gespensterland!

DIE PERSON

So mancher
fragte sich schon lang:
Wer bin ich - einer oder viele?
Macht mich nur
mein Verstand
verrückt,
treibt meine Seele
Spiele?

Wie kann es sein,
dass Tag um Tag
so anders ist
und doch so gleich?

Und leben, sterben,
wachen,
schlafen,
scheint nur
ein Wechselspiel von Dingen,
wenn nie du hörst
das Lied der Wahrheit,
tief in deinem Herzen
klingen.

Mensch,
erlaub' dir nur zu sein,
was dein Verstand
dir je verbot.
Fühl'
deinen heilen Horizont,
der fern verschluckt
vom Abendrot der Liebe,
weicht in die Unendlichkeit.

Bist du bereit, bist du bereit?

Hinter dem Erdenrund
beginnt
ein Raum von Unermesslichkeit,
der Prall vor Leben
auf dich wartet
und dich
unendlich' Seel' befreit.

Frag' dich,
liebst du,
was als Mensch du tust
und
wer gebietet dir?

Ist
dein Herz der Lenker
oder der Verstand
dein Henker?

Folgst du der Majorität
oder
beschreitest
als Majestät,
du deinen eig'nen Weg?

Bist du Besucher nur
in deinem Traum?

Gibst du deinem Wesen
Raum?

Wenn dem so ist,
dann frag' dich auch,
was deine Seele
dringend braucht.

Werde weich,
im Herzen offen,
fang’ an zu wissen,
hör’ auf zu hoffen.

Das Eine
ist dein wahrer Ort
und niemals
warst du davon fort,
niemals wirst du je geh’n,
vertrau!
Das hält dich wach
gegen den Strom
in deinem Kopf,
der nichts weiter ist
als Krach.

Lass’
durch deinen holden Körper
Liebe fließen,
gib ihm was er will,
doch
segne es, bevor du nimmst,
sodass
kein böser Geist
draus macht
die Macht,
die dich im Banne hält,
all dessen,
was dein Herz
hat unschuldig bestellt.

So ist’s gedacht, so soll es sein.

All deine Wünsche
sind nur rein
und es obliegt dir

allein,
ein Diener deiner selbst
zu sein.

Sei Herr jedoch
deiner Person,
die du zu kennen glaubtest
schon
und die
ein Abbild dessen,
was du sahst, bleibt ewiglich.

Streck' dich,
reck' dich,
geh' unbeschwert
das neue Tagwerk an!

Nutz' die Zeit
in deinem Körper,
dem bis jetzt
die Zeit zerrann.
Hinein in diesen Augenblick,
der ewig ist
und
welch ein Glück,
nie schwinden wird,
wenn du ihn siehst.

So schau'
durch deine Augen
ins ew'ge Licht der Welt,
trag' bei
wonach dein Herz dich drängt,
hab' keine Angst,
sei unbeschränkt
von
angsterfüllten Träumen,

die dein Verstand
dir baut,
denn dieser hat
niemals
das Hier und Jetzt
geschaut.

Was soll dies nun,
Person zu sein,
warum nicht reiner Geist
und frei?

Dies lieber Mensch,
bleibt armer Leider,
vorerst offen -
das letzte Ziel noch unerreicht.

Wer jedoch
wahrlich wissen will,
dem sei gesagt:

Setz' er sich hin und lausche still.

TOTALITER ALITER

Als sich einst
zwei Mönche fragten,
wie's wohl im Jenseits sei,
war
ihrer beider Leben
längst noch nicht
vorbei.

Sie schwor'n sich eins:
Sollte der eine,
der als Erster gehe,
dem andern
nun im Traum erscheinen,
berichten,
wie die Sache stehe.

Sei's so,
wie sie es immer dachten,
war *taliter* ihr Schibboleth,
käm's anders je
im Nachhinein,
müsst *aliter* das Wörtchen sein,
das Hinweis gibt,
was zu erwarten
in Gottes
ungeseh'nem Garten.

Eines Tages
traf es sich
und
einer der zwei Mönche starb.
Der Übrige fortan
nun schlief

gebannt in jeder Nacht,
bis ihn
ein Zeichen aus der Anderwelt
um seinen Schlaf
gebracht.

Trotz seiner Freude,
welch ein Schreck,
gleich zwei Worte war'n zu hör'n:

Totaliter aliter!

Also
ganz anders, als sich's je gedacht,
steht's drüben
in der ew'gen Nacht.

Ei der Daus!
Was soll nun sein?
Wie ordne man das Ganze ein?
Wie soll man hienach weiterleben?

Soll man darben,
soll man streben
oder
ist es Gott gefällig,
wenn man sich einfach treiben lässt,
dem Herzen folgt,
der Liebe lauscht
und jeden Tag
feiert als Fest?

Gehet man jetzt
die letzte Frag'
mit schierer Logik an,
so wird's schnell zäh,
denn

im verflixten Kreise denken,
tut selbst schon
einem Kinde weh.

Führt zu nichts weiter
als Verdruss,
nie
kann daraus mehr entstehen
als ein
verhexter Zirkelschluss.

Das ist's wohl nicht!

Denn wär' dem so,
hätt' unser herzenswahrer Mönch
ein *taliter* geträumt,
das spräche:
„Der Himmel ist, wie wir gedacht,
ein Ort nur für Gerechte.
Verbannt daraus
in Ewigkeit,
bleibet alles Schlechte".

So wär's logisch
und auch schön,
doch ist's in jener Nacht
dem Träumenden
nicht so geschehen,
sondern
ganz anders als gedacht.

Was wollte ihm sein Bruder sagen?
Totaliter aliter!
Was nur soll das sein,
Gott hilf!

Und ihn beschleichet
ein Gefühl,
das er noch nicht gekannt.
Ergreift
zuerst sein Herz,
dann Bauch,
dann Hüften,
Bein und Hand
und ganz zuletzt
auch den Verstand.

Innen weit, warm,
licht
und klar,
das kann nicht sein,
ja ist's denn wahr?
Wie kann ich's greifen,
wie versteh'n?
Wie in mein Leben bringen?

Ja lieber Mensch,
festhalten
kannst du es nicht,
nur fühlen
und darüber singen.
Drum geb' ich dir
dieses Gedicht,
lass' täglich es erklingen:

Es gibt nichts zu erreichen.
Es gibt nichts zu begreifen.
Es gibt nichts zu verstehen,
musst nur vorübergehen.

Dann löst dein Weltengriff
sich leicht
und du wirst im Nichttun reich.

Schweigen

Über das Schweigen
wurde vieles gesagt,
allein dies
zeigt,
wie es uns nicht behagt.
Ist es doch
Zeichen eines Zauderns,
Abwägens
und Hinterfragens,
nicht selten
des erstickten Klagens.

Was hindert dich, sei frei und sprich!

Was in deinem Herzen ist,
wird ohnehin
den Weg nach außen finden.
Es bleibt dir nicht erspart
zu werden,
wer du bist.

So teil' dich mit,
das ist der schnellste Weg
in die Balance.
Denn
wer alles in sich hält,
verschlossen, klein,
kann niemals
wirklich sicher sein,
ob das,
was er zu sagen hätte,
nicht jemand andern
helfen täte.

Eines nur
ist wirklich wichtig:
Urteilen ist immer giftig
und
so muss
des Gegenübers Reaktion
zu seinem Schutze sein,
das weißt du schon.

Also
wäge deine Worte
nach Wohlmut ab
und nicht nach Zank,
sonst machst du
immer wieder
dich und andere
ganz krank.

Wie geht das nun
im schnellen Reden,
dass du nicht
förderst
laute Fehden?
Was kannst du
wahrlich
immer tun,
um parlierend
noch in dir zu ruh'n?

Das Atmen ist ein guter Wink.
Tu' einen Zug
vorm nächsten Satz,
das schafft
in deinem Denken Platz
für gute Intentionen,
die dann
in deinen Worten wohnen.

Bau' mit deiner Sprache auf, nicht ab.

Zur Heilung deiner selbst
gibt es
nur einen Weg,
den des Erkennens
wer du bist.
Je länger
schweigend du verweilst,
je länger
bleibst du ungewiss.

Wenn du
von Angesicht zu Angesicht
gehemmt bist,
deine Wahrheit mitzuteil'n,
schreib sie heraus!
Papier
ist dein geduldig' Freund.

So hilft dir
Wort um Wort,
das du verfasst,
in deinem Wesen weiter,
lässt dich die Welt
gleich farbig seh'n,
macht deine Laune
heiter.

Also
das Schweigen generell,
ob ungeschrieben
oder mündlich,
ist
ein Gefängnis für den Geist
und lähmt dich
täglich, stündlich.

So lass' nur los,
mute dich zu,
dein Wort ist sehr gefragt -
so es vor Freude
schwingt
ist es egal,
was auch sein Inhalt sagt.

Denn
Schwingung ist es,
was die Welt
im Innersten zusammenhält
und nicht
das Geld.
Und dies
ganz nebenbei gesagt,
ist nur ein Wort
für gelten.

Siehst du nun klar
und deutlich,
wie es
zusammenhängt?
Dein Schweigen
und dein Leiden,
dein Gelten in der Welt.

Falls nicht,
schweig' munter weiter,
der Kosmos sieht das nach.
Denn dort
wo keine Zeit zerrinnt,
gibt's keinen,
der etwas gewinnt.
Doch
auf dem Rund von Mutter Erden,
da lebst du und kannst alles werden.

Arm und reich,
krank
oder gesund,
kannst leiden, lachen,
lodernd lieben
oder auch zu Hause bleiben,
Bücher schreiben,
Kaffee reiben
und vor Wut
die Wand anspeiben.

Schweigen
ist halt keine Tugend,
sondern
anerzog'ner Quatsch.

Denn wolltest du
ein ganzes Leben
immer
nur in Stille sein
und kein einzig' Wörtchen reden,
glaub mir,
dann wärst du gebor'n
als Stein.

Der Hütchenspieler

Ein Hütchenspieler
ist ein Mensch, der
ach
man glaubt es nicht,
spielen will,
um zu gewinnen nur,
nicht um zu spielen,
welch's wär'
des Spielers erste Pflicht.

So zeigt er sich
im Tageslicht,
als
gäb's nichts zu verbergen.
Seine Komplizen
sieht man nicht
und wehe dem,
der zu ihm spricht,
wird Teil des Spiels,
ganz rasch
umzingelt
von den Schergen.

Die Hütchen sausen
flink bewegt,
durch des Spielers Hände
und
wer die Kugel arglos wähnt,
auf's Hütchen zeigt
und
recht bekommt,
ist mit dem nächsten Spiel
schon nah an seinem Ende.

Einen kleinen Schein nur,
schnell gesetzt,
auf die richt'ge Stelle.

Die Helfer raunen,
na
so leicht verdient sein Geld
wohl keiner -
also gleich nochmal!
Nur eins noch
auf die Schnelle.

Doch ach,
wie gibt's das,
Ei der Daus,
das Hütchen leer
und weg das Geld?
Jetzt
greift Verdutz ihm an die Brust,
was lief nur falsch
was war verstellt?

Einen Versuch noch
will er wagen,
zückt's Portemonnaie
und
zieht heraus
den letzten Schein,
den er noch hat -
grad um die Spur zu groß.

Doch
seine scharfen Sinne,
denkt er,
werden ihn wohl retten,
wachsam aufzupassen
bräucht' er bloß.

Dann ging' er stolz
mit Beute heim,
träumt er,
nicht ahnend,
dass bei einem Hütchenspieler
dieses eine
kann nicht sein.

Ui, das Spiel wird schnell,
verflixt!

Von links
wird er noch angetippt,
ein and'rer ruft,
wo er die Kugel
grad noch sah.
Die drei Hütchen
oben spitz,
finden ihren letzten Sitz
und fast schon
ist der Schein gesetzt.

Da blitzt
dem Schlauen zu durchschauen,
ein Bild noch
vor das geist'ge Aug',
als sah er's langsam,
wie im Traum.
Die Kugel schlüpft,
als er sich schickt,
auf links
die Hand zu führen,
unter den rechten Hut –
noch früh genug,
dass er
insektenschnell
den Hunderter auf rechts platziert,

die Mitte
völlig unberührt.
Ha!
Des Hütchenspielers Mine
zuckt,
jetzt wird Pecunia ausgespuckt.
Nun mach!
Heb' an den spitzen Hut,
Ei
da ist das Kügelchen!
Jetzt fasst gerade einer Mut.

Doch wie gesagt, so geht es nicht.

Der Herr zur Linken,
grad noch jubelnder Claqueur, ruft
Polizei!
Und wie?
Was soll dies plötzliche Geschrei
und he,
der Tisch samt Hütchen
zieht zurück mit einem Ruck,
der Schein
kurz in der Luft,
ein Stoß vom Rechten,
der sich hurtig bückt
und pflückt
den grünen Fetzen vom Trottoir.

Eh' der Geprellte
sich versah
war'n sie verpufft
in alle Winde.
Das Spiel,
der Spieler mit den Hütchen
und den Helfern -
und er stand da!

Gleich einem enttäuschten Kinde.

Nun,
die Moral von der Geschicht':
Spielen
lohnt sich immer,
denn verlieren
kann man nicht!

Die kurze Lehr'
war gut bezahlt,
nicht teuer.
Die spannenden Momente
sind nacherzählt,
wie holder Wein im Freundeskreis,
vereinen,
schenken Solidarität
und
verhüten
bei zukünft'gen Eseleien
so manch höh'ren
Schadenpreis.

SEIN IM FALL

Brummen, Hupen,
Bimmeln, Rauschen,
Klopfen,
Schreien
und dazwischen Vogelsang,
als Ruf nach Freiheit
und Gesundung
in meinen stumpfen Ohren
klang.

Trampeln
in des Nachbars Wohnung,
Musik aus dem Hinterhof.
Die Kastanie
vor dem Fenster
wogt im Winde.
Wipfel greifen hoch hinaus
und locken
mit dem Wink des Lebens,
mich immer gerne
aus dem Haus.

Denn
drinnen sitzen
ist ein Graus,
wenn draußen schlägt
der Himmel aus,
in tiefem Blau
und krachend weit.

Eine Schwalbe sein!
Ich wär' bereit.

Den Luftraum
in gekreisten Bahnen
zu durchzieh'n
mit Schwung
und Schmiss
und Leichtigkeit.

Ein kurzes Flügelschlagen
höbe mich
auf neue Höh'n,
nur um zu fall'n
in Häuserschluchten.
Mein schrilles Tschilpen
hallte
an den Wänden wider
und aufwärts ging es
mit Elan.

Über Giebel, Dächer
und Balkone,
bis mein sattgeflog'ner Körper
setzte sich,
auf einem Ästchen
des Kastanienbaumes
nieder
und röche Freiheit,
wie sie wär' nie wieder.

Doch
so leicht
kann's wohl nicht sein.
„Frei wie ein Vogel"
bleibet den meisten
Hirngespinst,
warum sonst
gäb's
den Lärm der Stadt?

An dem
ein jeder Bürger
fleißig mitzuschaffen hat -
so er was gelten will
und
wohlbesehen von den Nachbarn,
teilhat am Gewese.

Doch ging's auch anders?

Was müsst' sein,
dass Ruhe
von nie dagewes'ner Art
würd' kehr'n in jede Straße ein?
Dass Autos blieben
still
und Schlote leer,
dass Alleen und Plätze
trockenfiel'n
vom endlos wogend Menschenmeer
und die Natur
urplötzlich
laut geworden,
erinnert' einen jeden
an den wahren Wert
des Lebens.

Nun ja,
von Zeit zu Zeit
passiert's,
niemanden wirklich interessiert's,
warum Gott
eine Krise schickt.
Lieber wird sogleich
geknickt,
was zuvor beständig war.

Menschenrechte,
Wissenschaft,
was soll's
wir müssen handeln!
Jetzt!
Denken kommt zu allerletzt.

Halt!
Erinnern
steht noch schlechter,
aus Fehlern lernen,
welche Müh'.
Das hieße ja
verantwortlich
zu sein,
nein danke!

Lasst uns lieber
weiter hoffen,
dass morgen Früh
die Welt
schon sieht ganz anders aus.
Errette uns!
Wir sind
für alles offen.

Und
oh Wunder, so geschieht's:
Ein ganz neuer Tag,
man sieht's,
wo neue Kräfte
greifen Raum
und wieder
niemand,
der sie halten könnt'
im Zaum.

Wer auch
sollt's verstehen
und wer verhindern,
lasst uns
doch einfach weiter plündern
dieser Erde
unermesslich großen
Schatz.

Schließlich ist dies unser Platz!

Um zu spielen
und zu lernen,
in den Städten weiter
lärmen
und des Nachts
dann
unter Sternen
kleinlaut schwärmen,
von der Weite
und dem All.

So bleibt am End'
dem Menschen nichts,
als zu erinnern,
ein weit'res Erdenleben
voller Hoffnung,
voller Kummer -
wir nennen es auch
Sein im Fall.

Das Virus

Ei!
Welch ein Zauberwort
in diesen wilden Tagen,
wirft es
doch immer weiter auf
nur Fragen über Fragen.

Wer kann es wissen,
wer versteh'n,
wie soll nur alles
weitergeh'n?

Wie fing es an,
wann hört es auf,
wie nimmt das Leben
seinen Lauf?

Hört ihr euch sprechen
Menschenvolk,
als summendes Inferno,
in eurem Geist
ist's laut,
weshalb ihr nicht erschaut
worum
es wirklich geht.

Das Leben
als ein Bühnenstück,
von höchster Stell'
beseh'n,
dauert schon ewig an
in Raum und Zeit,
nie möglich alles zu versteh'n.

Kein Kommentar,
kein Opfer
auf keinem Altar,
wird je
den Fluss zum Stillstand
zwingen,
ihm Richtung
oder Reinheit bringen,
denn
Liebe strömt ohn' Unterlass
ins bodenlose Fass
der Welt
und
füllt es an bis oben hin,
sei dankbar
zwiegespalt'nes Menschenkind.

So seht das Virus
als den Boten
einer nobleren Gestalt.
Kein Wollen hat es,
keinen Plan,
ist einfach da
und dort
wo es gebührt,
des Menschen Herz
im Kern berührt,
es fühlen lässt
und dadurch Leben spendet,
so manchen Zwang
mit seiner lichten Reinheit
tödlich
blendet.

So lass' ruhig los
von Spekulationen,
die allem immer innewohnen,

was der Mensch
nicht gleich begreift.
Hab' Zuversicht,
schöpf' Kraft daraus
zu wissen,
dass deine Seel'
in allem reift.

Und Unrecht,
ja,
geschah schon immer.
Doch bleibt
im Spiel der Kräfte
niemand unbeleckt.
Sei nobel
und verstehe,
dass in allen Farben
immer
schwarz und weiß,
versteckt als Urgrund
leben.

Die Demut
ist der Tatkraft bester Freund,
so merk' dir das,
wenn alle Himmel fallen
und du strebst
zum Neuanfang.

Kein Menschenwerk
kann je bestehen,
des Grundsatz es nicht war,
zu dienen allen
und nicht allein Eliten
zu gefallen.

Ist's denn so schwer zu fassen?

Wenn eines
kann das andere lassen,
so gibt's kein Leiden,
gibt's kein Hassen,
füllt Harmonie und Einklang
alle Sphären
des unendlich' Raum.

Und Reibung,
ja man glaubt es kaum,
gehört dazu.
Hast je eine Saite
schwingen du gesehen,
die nicht war
eingeklemmt,
klingen du gehört,
die nicht gehemmt
von einem Körper sang?
Wohl nicht!

So sei gewiss,
dass alles angelegt
gut ist
und gehet seinen heil'gen Gang.
Freu' dich daran,
freu' dich daran!

Das wahre Virus deiner Welt
heißt Hass,
dagegen sein
aus purem Spaß
und dich darüber
nicht zu spür'n
in deinem Körper,
der so fein,
so rein
geschaffen war,

doch aus Unacht
stumpf geworden ist
und deine Gefühle
rar.

Wenn dein Fühlen
untergeht
im Sumpf
des Denkens,
wenn reagieren wird
zum Tagewerk
statt lenken,
dann
schärft sich mächtig
der Verstand,
zerschneidet vieler Herzen Band
und leidet,
weil er glaubt zu wissen.

So lass' ihn los
von Zeit zu Zeit,
lausch' deiner Seele,
sei bereit,
das Wunder zu erfahren,
das unbeschreiblich
zwischen allem schwingt
und
unaufhörlich
nur ein einzig' Lied
der Liebe
singt.

VERLORENE ZEIT

Was ist los,
was war geschehen?
War's
ein Traum oder ein Wehen
von wirren Phantasien,
die uns Menschen ließ,
klein knien
vor Staatsmacht,
Ignoranz und Gier?

Erschien wahrhaftig
dies biblische Tier,
wie Johannes es
einst sah?
Die Parusie zum Greifen nah!
Hat ein antichristlicher Staat
mit seiner mächt'gen Kirche
Wissenschaft,
am End'
nicht nur Freiheit und Arbeit,
sondern auch Leben
dahingerafft?

War
Borniertheit
und falscher Führungsglaube
an gelecktes Haar,
einen Geck
im Frack der Jugend,
Erfahrung und Reife
auf Facebook geheuchelt,
Zensur bei YouTube
die einzige Tugend?

Vor lauter außen
ist's innen hohl,
das Wissen der Welt
als Monopol
des Algorithmus,
der uns empfiehlt, was mit muss
und canceled,
was der Kanzler will.
Dann wird's still.

Das Leben
durch wundgeschaute Hornhäute
entfleucht,
reine Herzen
durch Informationen
verseucht,
gespaltene Minds,
ach,
jammern und streiten.
Bedrückende Zeiten
bedrucken die Seiten
in unserem bunten
Lebensbuch.

Ist leben auf Erden am Ende ein Fluch?

Ist Menschsein
noch Gefäß für Liebe
oder
nur Push-Marketing Getriebe?
Soll'n wir einfach
so weiter tun,
gibt es denn Richtung
für ein kopfloses Huhn?

Wo bleibt die Kunst?

Hinter Masken versteckt,
von virtuellen Regeln
zur Unfühlbarkeit
gestreckt
oder nur sanft gedehnt?

Weil sich die Seele
danach sehnt,
weiter zu werden
und jedes Mittel scheint recht.

Doch was ist echt, was ist echt?

Wenn
die Fühlung zum Sein
verglimmt,
wie ein letzter Funke
im Feuer der Liebe,
wird's kalt wie's All.

Zwar unendlich weit
und
darin die Zeit,
scheint still zu steh'n -
doch ist dies
eine Illusion.

Denn Zeit allein,
die kann nur sein,
wenn
jemand ist,
dem sie erscheint.

Wem also
ging die Zeit verloren?

Wer war jemals da?

Milliarden von Minds,
tagtägliche Ignoranz,
vergoren
zu Realità!

Versteht ihr nun,
dass Leben ist, was ist
und
Realität nur heißt,
was heißt?

Denn
wer da Leben hat,
schmeckt nie den Tod.
Doch
wer Realist ist,
immer in der Kist' ist,
die von Geburt an
mitwächst
und dein Leben
mittrackt,
solange du nicht rausgehst
und einen Atemzug tust,
der dich erlöst
ins Jetzt.

Live now! Peace!

Der Führer

Der Führer lebt,
welch wahres Wort,
tief drin
in deiner Brust.
Als Stimme
klar und rein,
spricht er zu dir,
lässt dich
lebendig sein,
nicht tot
und hörig and'rer Stimmen,
welche du sorglos
ließest ein.

Ein Summen,
Flirren, Sausen
durchdringet deine Seel',
wenn Wahrheit
sich dir zeigt,
sei nicht dagegen,
öffne dich
und harre aus.

Sei frei,
erlang' Gewissheit,
die tief in deiner Mitte
knospt,
schaue nicht weg,
denk' nicht ums Eck,
such' nicht
in der Vergangenheit
Versteck.

Der erlebte Augenblick
ist dein heil'ger
Juice.
Aus ihm
gewinnst du Kraft
und Mut,
er lässt dich leben,
tut dir gut,
trinke soviel du willst,
nur tu's.

Er labet Seel'
und Körper,
schürt
deine inn're Glut,
wehr' dich dagegen nicht,
wenn deine Wahrheit
zu dir spricht.
Verweile,
so's dir möglich,
mit jedem Atemzug
im Jetzt,
die nächste Tat
kommt von allein
zu dir,
wenn du sie lässt,
nicht zwingst,
mit deines Geistes Gier.

Wo denkst du hin?
Was zieht dich weg?
Welch teuflisches Karussell!

Wie schnell
dein wacher Geist eindöst,
die nächste Fahrkarte schon löst
für eine tolle Fahrt.

Heissa!
Kannst nicht widerstehen,
welch ein Reigen,
welch ein Drehen,
Ei was gibt es da zu sehen!

Schneller wird's
und wilder,
tönen Seelenbilder
laut
aus der Vergangenheit empor.

So soll's wohl sein,
warum sonst
singen alle mit im Chor
der Freuden und der Leiden.

Und eine Stimm' gebietet dir:
„Mach mit, sonst wirst du's allen neiden!"

Allein,
du bist all-ein.
Vergiss dies nicht,
dass
aller Spaß nur deiner ist
auf ewig.
Deshalb
vergleiche nicht,
indem du blickst
ins Menschenrund
um dich.

Ein jeder, eine jede
lacht für sich allein
am Schluss
und doch
in seliger Gemeinschaft -

welch
ein himmlischer Genuss,
wenn alle
dies nur wüssten,
gäb's nie mehr
Verdruss.

Fang' nur bei dir an,
lass' die ander'n
sein,
dein Urteil
macht dich selbst
nur klein
und bitter.
Je mehr
die Sonne Wolken fängt,
je eher gibt's Gewitter.

Schau' in die Welt,
halt' deine Augen offen,
ob
manch ein großer Redner
machtbesoffen,
den Führer in sich selbst
vergaß,
wenn er
mit kindlichem Gemüte,
lärmend
um sich schlägt
und im Grund'
nach Liebe suchend,
Hass nur sät
im Übermaß.

Wenn du ihn siehst,
dann sei erinnert,
er ist allein

wie du -
wird leidend ernten
seine Saat.

Deshalb
bring Liebe
diesem Menschen nur
und Mitgefühl
entgegen,
zu deinem eig'nen Seelenheil
lass' dich nicht führ'n,
verführe nicht,
steh' grad und stark
im hellen Licht,
im eig'nen Staat,
werd' selbst
zu deinem Segen.

Über Wasser gehen

Des Menschen Hirn
ein Wundergrab,
voll
von lebendigen Geschichten,
welche
der Vergangenheit
ewige Gültigkeit
andichten.

So wird
noch immer gern
erzählt,
von einem schönen Manne,
der einst in Galiläa
so manches Wunder
hat vollbracht.

Man nennt ihn heute Jesus.

Will hier
nicht sagen,
dieser hätte nie gelebt,
doch
was vieler Sünder Münder
über seine Tat
verbreiten,
ist von der Wahrheit
so weit weg,
wie die Lieb' vom
Streiten.

Übers Wasser sei er wohl gelaufen!

Dies
glaubt auch nur,
wer Spaß dran hat,
sich immer wieder
zu besaufen
und
auf den schnellen Sohl'n
der Phantasie
seiner Realität
davonzulaufen.

War diese schönste
der Metaphern
doch ein Gleichnis nur,
was dieser Mann
hat einst
vollbracht,
mit einem Herzen
groß und pur.

Das Unmögliche
leben,
das Undenkbare
wagen,
die Dualität
zu Grabe getragen,
ein Leben
gelebt
in Einheit und Frieden,
einen jeden zu hören,
seine Feinde
zu lieben
und
seinen Tod sehend,
freiwillig
zu bleiben.

Dies ist
wohl kaum anders
zu beschreiben,
als
mit einem,
der übers Wasser ging
und dabei
nicht einen Tropfen
fing.

Herrschaftszeiten, wie leben wir denn?
Wer leitet uns heut' an?

Wo ist, wenn man ihn braucht,
denn dieser Wundermann?

Komm' zurück zu uns
und hilf',
wir stecken
mit dem Herzensboot
im Schilf
uns'res Verstands.
Wie kommen wir
je wieder raus,
man sicht den Halm
vor Halmen nicht,
woran nur
sollen wir uns klammern?

Da, eine Stimme!

Haltet inne,
werdet still,
seht euch um
und lauschet
dem Gesang der Ammern.

Höret hin
und wartet ab
bis
in euch Klarheit
leuchtet,
wie
der Morgensonne Strahlen,
die durch die Nebel über'm Wasser
brechen
und reflektiert in euren Augen,
den Zoll
der ew'gen Hoffnung
zahlen.

Es geht um euer Handeln!

Geradeaus und klar
und
werdet euch sogleich gewahr,
dass es nie anders
kann gescheh'n.
Du bist ein Mensch,
musst
nun mal geh'n
den selbst gewählten
Lebensweg,
auch
wenn dir deine Wahl
war nicht bewusst.

So ist's gerecht
nur so
geschieht dir heil'ger Frust,
der dich erwachen lässt
aus
deinem Schlummer,
der mitnichten zufällig

sich reimt mit
deinem Kummer.
Sei wach,
fühl' deinen Körper summen,
gehe hinaus,
tanz' nackt im Regen
und sonne dich
im Lichte dieser Welt!

Sei allen Freund
und hilfreich wo du kannst,
es lohnt sich!

Und tu' nichts
nur
für Geld -
sondern
weil du liebst,
dich gibst,
empfängst du mehr,
als du je brauchst.

Jesus wusste es,
wisse nur du dies auch!

ABERGLAUBE

Woher,
mein Freund
kommt nur dein Wissen?
Schaust du viel
und liest beflissen
oder
hörst das,
was die ander'n sagen?
Schlägt dir seit geraumen Zeiten
zu viel
Neues
auf den Magen?

Glaubst du,
was gehört du hast
und prüfst,
bevor du danach handelst,
dies
mit deinem Herzen?
Oder
spielst du dumm,
weil Zeit und Müh'
es kost',
den einen Augenblick
der Reflexion
zu tun,
der dich bewahren möcht',
vor ungewollten
Schmerzen.

Hab' keine Sorge!

Alles, was du wissen musst,
ist bei dir.
Immerzu,
doch tief versteckt
in deiner Seele.

Kein Dieb
kann finden deinen Schatz,
auch du nicht,
wenn du suchst
am falschen Platz,
wenn den Verstand
du
wüten lässt
und nichts bleibt übrig
als ein Herzensgrab,
nebst einer Stele.

Und eine Inschrift auf ihr sagt:

„Lieber Mensch, vergeblich hast du dich geplagt.
Dein Leben war umsonst gelebt,
wenn du an diesem Orte stehst und flehst
um Gnade, weil du inzwischen hochbetagt,
fühlst, dass deine Zeit zu Ende geht."

Wo war dein Glaube als du ihn gebraucht hast?

Sahst du dein Leben
vage nur,
wie durch ein Rauchglas?
Tauschtest du
Momente
klaren Wissens,
welches Gott dir schenkte
um zu heilen,
gegen zuckersüßen Zweifel,

der sachte
deinen Kopf versenkte,
in des Schlummers
weiche Kissen?

„Aber, aber"
klang's aus deinem Mund,
so stur
als wollt' ein Esel
nicht mehr weiter,
stahlst
du dir selbst
die eine Leiter,
die dir half,
empor zu steigen
und zu blicken
über
alle Mauern des Verstands.

Allein,
jetzt ist's zu spät
Vergangenes zu ändern.
Was dir vermeintlich bleibt,
ist deine Zukunft.
Doch
tu' diesen Fehler nicht
zu glauben,
dass das Vorgestellte
sei real!

Zu leicht
nimmt dies dein Ego hin
als bare Münze,
die nicht verdient du hast,
bevor
nicht zieh'n die Tage
in dein Land,

da Fleiß und Demut
züchtigen
einen Verstand,
der lahm geworden ist
und stolz.

Wenn Aberglaube
sich gesellt dazu,
wird's Dummheit,
die da wächst auf gleichem Holz.
Bist dann nur
einer
von ganz vielen,
die auf ein Vexierbild schielen
ohne zu seh'n.

Schließ' täglich
deine Augen
und blick' mit deinem Herz
auf das,
was vor dir liegt.
Hab' keine Angst
vor Schmerz
und anderen Gefühlen,
die nur
vorübergehend wühlen,
in den Archiven
deines Lebens.

Die Resultate
deines Strebens
aus unendlich langen Zeiten
tauchen auf,
wach auf!
Es ist genug getan,
sei einfach da
und lausche.

Der letzte Augenblick
kommt
von allein,
wie er wird sein,
kann niemand
wissen.

Doch
einer Sache sei gewiss,
du lebst bis dorthin -
mit und ohne
Aber!
Glaub' nur daran,
hoff' immer drauf,
die Liebe ist's,
die trägt,
wenn du sie lässt
und
ihr vertraust,
schmiedet sie Glück,
wie Gold ein Faber.